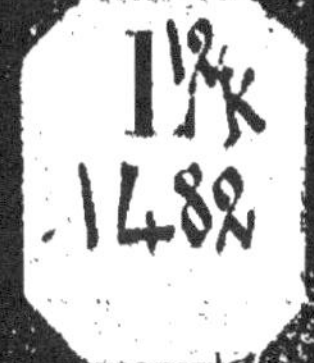

(Contrôler la couverture)

DEUX MOIS

AUX

ANTILLES FRANÇAISES

PAR

L. SONTHONNAX

DEUX MOIS

AUX

ANTILLES FRANÇAISES

La France possède de vastes territoires coloniaux et en augmente encore le nombre et l'étendue chaque jour, mais ils ne sont malheureusement pas assez connus ou étudiés, et tous les sacrifices que la Métropole s'impose n'ont profité, jusqu'à ce jour, qu'à un si petit nombre de nos nationaux, qu'on peut bien nous accuser, avec quelque raison, de ne pas savoir ou de ne pas vouloir coloniser.

Toutefois cette impuissance colonisatrice n'est qu'apparente, et si, jusqu'à ce jour, nous ne nous sommes pas montrés maîtres dans cet art, il faut en rechercher la cause dans le bien-être que nous avons trouvé sur le sol de notre pays.

Aujourd'hui que la situation économique a changé, que beaucoup d'industries, monopolisées jusqu'alors en France, se sont disséminées peu à peu chez tous les peuples, il faut absolument élargir le cercle de nos débouchés et nous efforcer de créer entre nos colonies et la Métropole un courant d'échanges afin de remplir le vide causé à nos exportations par la concurrence étrangère.

Peut-être ces quelques notes, composées de renseignements divers, ayant trait aux sciences naturelles, au commerce et à l'industrie, engageront-elles quelques-uns de nos compatriotes à visiter ces colonies si heureusement situées mais trop mollement exploitées.

Trois lignes de paquebots de la Compagnie générale transatlantique assurent chaque mois le service entre la France et ses colonies des Antilles.

J'ai choisi pour mon départ la ligne de Marseille-Colon, ayant l'intention d'aller jusqu'à Trinidad et revenir par la Martinique et la Guadeloupe.

La traversée de Marseille à Fort-de-France s'effectue en seize jours, à cause des escales de Barcelone, Malaga et Ténériffe, voyage des plus agréables, les premiers jours surtout, car le bateau est toujours en vue des côtes ; la facilité accordée aux passagers de descendre à chaque station dans les ports précités, dissipe la monotonie et la lassitude des grandes traversées.

Parti de Marseille le 11 mars 1895, le bateau était dès le lendemain à Barcelone, le 14 à Malaga; trois jours suffisent pour parcourir la distance de cette dernière ville aux premiers émergements des Canaries; le 17, nous étions en vue de la ville principale, Santa-Cruz de Ténériffe.

Rien de plus mouvementé que le sol de cette île; de formation volcanique, de même que les autres Canaries, la partie septentrionale présente à l'œil des masses rocheuses de couleur rougeâtre, sans végétation apparente, hérissées de pointes aiguës, la plupart inaccessibles. La partie méridionale paraît moins accidentée et du port même on distingue des pentes assez douces dont la verdure intense indique une végétation des plus riches [1].

Il nous est rapporté que depuis quelques années, à part les vins de Ténériffe si justement renommés, les habitants de ces îles se livrent surtout à la culture des primeurs qu'ils expédient en Espagne et même en Angleterre.

La cochenille y a été pendant longtemps l'objet d'une récolte productive; on favorisait le développement de cet insecte sur les cactus qui croissent avec facilité dans les terres un peu arides, mais, depuis les progrès de la chimie, cette matière colorante a été remplacée plus avantageusement et cette industrie est actuellement à peu près abandonnée.

On y cultive aussi quelque peu de canne à sucre.

Le 18 au matin nous laissons à droite la dernière île de cet archipel, l'île de Hiero ou île de Fer, dont le méridien servit pendant longtemps de point de départ aux degrés de longitude.

A partir de ce jour nous ne devons plus apercevoir de terres avant les Antilles [2].

Enfin le seizième jour, le 27 au matin, on aperçoit la silhouette encore nébuleuse de la Dominique, possession anglaise, puis, quelques heures après, les hauteurs du Mont Pelée; on est en vue de la Martinique.

Le bateau accoste à 3 heures le quai de Fort-de-France où il doit séjourner deux jours pour s'approvisionner de charbon.

J'avais l'intention d'aller à Trinidad, mais dès le deuxième jour le service de la santé reçoit l'avis que cette île était mise en quarantaine, par suite de quelques cas de fièvre jaune: le peu de temps dont je pouvais disposer ne m'a pas permis de donner suite à ce voyage. Ne pouvant prévoir la durée de cette mesure, il me faut donc très difficilement faire déménager mes bagages du bord et cela en plein chargement de charbon.

Qu'on se représente près de 200 négresses occupées à ce travail, défilant sans interruption; tout le bateau est envahi, pas une passerelle de libre, impossible de circuler sans se heurter à ce flot de portefaix féminins, montant et descendant, qui va du quai au bateau et du bateau au quai. Ces misérables travailleuses dont les unes à peine vêtues

[1] Les poissons volants que l'on rencontre par centaine à la hauteur du Tropique commencent à se montrer dès cette latitude. Les martinets, qui ne font leur apparition dans nos villes de France que vers les premiers jours de mai, volaient en très grand nombre au-dessus de la ville. Il est bon d'ajouter aussi que le serin des Canaries, dont cette île fait un certain commerce, n'existe pas ou n'existe plus dans ces îles, ce sont les Espagnols et les Français qui alimentent ce marché.

[2] Dès le 24e degré de latitude, on commence à rencontrer quelques fragments erratiques de Sargasses ou raisins des Tropiques, espèce d'algue ressemblant à s'y méprendre à des plantes d'organisation terrestre, plus loin on en trouvera en plus grand nombre formant des îlots herbeux ou de longues traînées, rayant d'un vert jaunâtre la surface bleue de l'Océan; elles disparaissent vers le 18e degré.

de véritables loques noircies par leur travail et par la pluie, transportent sur leur tête, pendant toute la journée et sous un soleil de plomb, des paniers de charbon dont la poussière ne modifie pas beaucoup, à vrai dire, la couleur de leur teint, mais ajoute à leur figure un aspect de misère et de sauvagerie dont on a pas idée. Avec cela le bruit assourdissant des nègres frappant de leurs mains sur de primitifs tambours pour les encourager à leur tâche.

Fort-de-France, autrefois Fort-Royal, est la ville administrative de la Martinique: c'est la résidence du gouverneur et le centre de tous les services civils et militaires de la colonie; elle compte 15.000 habitants.

Des télégraphes sous-marins réunissent Fort-de-France à Basse-Terre (Guadeloupe), qui est reliée à son tour par Saint-Thomas à l'Amérique du Nord et à l'Europe.

On sait qu'en 1890, cette capitale fut en partie détruite par un incendie et qu'elle fut presque aussitôt relevée de ce désastre, mais elle dut subir, un an après, le plus effroyable cyclone de ses annales.

L'évaluation des pertes occasionnées par ce dernier dans la seule ville de Fort-de-France s'élève à 50 millions. Malgré ces calamités successives, c'est aujourd'hui une fort belle ville aux rues droites et reconstruite à neuf. Le bois et le fer dominent dans ces nouvelles constructions, dont la hauteur ne dépasse jamais deux étages, vu la fréquence des tremblements de terre.

Tandis que, dans la ville même, règne la plus extrême propreté, facilitée en cela par de l'eau vive courant en abondance dans chaque rue et dans chaque maison, le quartier dit des Pêcheurs offre un contraste pénible.

Séparé de la ville même par un étroit canal où l'eau stagnante, légèrement agitée par la houle du large, retient en suspension tous les détritus immondes que la population y jette: issues de boucheries, débris de poissons et de coquillages, matières fécales, etc., on ne peut s'approcher de cet endroit malsain sans être importuné par l'odeur repoussante de toutes ces matières en décomposition. C'est un danger permanent pour la colonie même.

Si on traverse le canal, on entre dans la cité même des pêcheurs: de petites cases nombreuses, sans alignement aucun, habitées chacune par une famille entière de noirs ou de mulâtres; de nombreux négrillons, à peine vêtus, se jouent au milieu de pécaris, de poules, de canards, de chiens et de chats affamés; tout cela grouille dans un fourmillement malpropre et repoussant.

On y voit des négresses oisives, aux jambes et aux pieds nus marchant dans cette boue étrange, criant, gesticulant, se querellant sans cesse, ne trouvant pas le temps de porter au loin les immondices de la case, car les détritus de tous genres sont impitoyablement jetés devant la porte.

Heureusement, d'innombrables crabes terrestres, noirs, sortent de leurs galeries souterraines aussitôt que le silence se fait et se chargent du nettoyage.

Un petit yacht fait un service régulier, deux fois par jour, entre Fort-de-France et Saint-Pierre, deuxième ville de la Martinique, pour la modique somme de 2 francs; le trajet dure à peine deux heures. Tous les services côtiers sont faits, dans cette colonie, d'une façon très satisfaisante.

Saint-Pierre est la ville du commerce, bien plus peuplée que Fort-de-France; elle compte 25.000 habitants. Bâtie en amphithéâtre, le long d'une anse faiblement incurvée entre le mont Pelée (point culminant de l'île, 1207 mètres d'altitude) et les pitons du

Carbet, elle a moins souffert du cyclone; les maisons, la plupart massives et construites en pierres, ont assez bien résisté au désastre, qui s'y est du reste fait sentir avec moins d'intensité que dans la partie sud de l'île. Il descend des monts, auxquels la ville est adossée, des eaux abondantes qui, intelligemment divisées, se répandent bruyamment dans les rues de la ville; pas de quartier insalubre, la population des pêcheurs étant disséminée à droite et à gauche sur le littoral de la mer.

Cette cité possède un jardin botanique remarquable; il était merveilleux, parait-il, avant le cyclone. Malheureusement celui-ci a détruit une partie de ses plus beaux arbres, bon nombre ont eu leur cime brisée; ils sont aujourd'hui couverts de lianes; il reste néanmoins de nombreux sites pittoresques et grandioses. De très hauts rochers tombent des cascades naturelles dont les eaux viennent se répandre dans un ravin hérissé de roches détachées de la montagne.

Que de dépenses à faire pour remettre ce jardin dans son état primitif!

Dois-je dire que le Musée zoologique est nul ou à peu près? Il faut l'attribuer sans doute au petit nombre d'adeptes que les sciences naturelles comptent dans cette colonie.

M. Nollet, directeur de ce jardin, a bien voulu m'accorder quelques instants et me donner le plus gracieusement possible des renseignements intéressants sur les cultures et les procédés d'acclimatation qui font l'objet de ses études.

Les autres villes de la Martinique sont : La Trinité, Le Marin, et Le François, mais elles occupent une position tout à fait secondaire.

La superficie de la Martinique est de 987 kilomètres carrés, sa population totale est de 180.000 habitants qui se décomposent ainsi :

10.000 blancs.
150.000 nègres ou mulâtres indigènes.
20.000 Hindous, Chinois ou nègres d'Afrique.

Cette dernière catégorie comprend les travailleurs engagés par les planteurs, car les nègres ou mulâtres, indigènes de la Martinique se refusent à tout travail régulier.

Au niveau de la mer, la température moyenne est de 27 degrés; pas de journée sans quelques averses, suivies d'un soleil implacable, la tiédeur ne cesse jamais, l'humidité dure presque toujours. Les jours sont sensiblement égaux aux nuits, vu la proximité de l'équateur.

Ce qu'on appelle le *renouveau* aux Antilles ou l'*hivernage* est la période qui commence en juin, jusqu'à fin septembre, c'est la saison des pluies presque continues, c'est à ce moment que les quelques arbres à feuilles caduques se revêtent de nouvelles feuilles et de fleurs, saison chaude et des plus fatigantes pour l'Européen; mais en toutes saisons, les pitons de l'ile sont fréquemment enveloppés de nuages et, selon l'altitude, la température descend quelquefois assez bas.

La population de la Martinique est toute disséminée sur le pourtour de l'île, l'intérieur présente peu ou point d'habitations et par suite fort peu de cultures.

En voyant toutes ces terres fertiles non utilisées, faute de bras pour les cultiver, tous ces arbres des forêts qu'on laisse dévorer par les termites, faute de routes pour les conduire à la côte, on pense fatalement que, tout près, à quelques heures de marche, sur le littoral, une population trop dense vit au jour le jour, malheureuse, n'ayant pas l'énergie de travailler pour se procurer le nécessaire et conquérir cette dignité et cette aisance qu'il leur serait facile d'acquérir au prix de bien faibles efforts.

Il y aurait pourtant sur ces mornes élevés où la température, quoique plus fraîche, ne descend jamais au-dessous de 10 degrés, des tentatives de cultures bien intéressantes et certainement productives à faire.

La population présente les couleurs les plus diverses, depuis le blanc, jusqu'au noir, mais la couleur dominante est le jaune brun.

Malgré le budget énorme affecté à l'instruction publique, on ne compte pas plus de 20.000 habitants ayant fréquenté les écoles, sur une population de 180.000, soit un peu plus du dixième.

Quoique la plupart d'entre eux soient illettrés et qu'ils se refusent de payer l'impôt le plus minime, ils n'en sont pas moins tous électeurs sans distinction; il suffit à un noir de posséder une case, d'y résider depuis six mois pour devenir électeur; or, rien n'est plus facile que de remplir ces conditions.

Le terrain ne leur coûte généralement rien, une simple autorisation leur suffit le plus souvent si le terrain n'est pas contesté par un propriétaire en titre.

La case !... Rien de plus simple encore : quatre pieux en bambou, quelques débris de vieilles caisses ou de vieilles futailles pour relier les angles; comme toiture, les objets les plus disparates : tantôt des planches de dimension et de couleur variées, tantôt de vieilles plaques de zinc ou de tôle, tantôt encore des feuilles de bananier ou de cocotier desséchées; d'autres fois encore tous ces éléments réunis. Pas de meubles ; le lit familial consiste en vieux sacs ou quelques vieilles robes que l'on dispose à terre lors de la sieste ou du sommeil.

A ceux-là, les besoins sont nuls ou à peu près; ils n'ont pas à redouter les rigueurs de nos hivers : un vêtement léger leur suffit et le sol leur fournit, au prix d'un court travail, le chou caraïbe, le manioc et les patates.

L'arbre à pain, heureusement importé dans ces îles, ainsi que le bananier leur fournissent une nourriture abondante sans exiger d'eux le moindre travail ; d'autres fruits abondent : la mangue, la goyave, la pomme d'acajou, le tamarin sont si communs qu'ils appartiennent à celui qui les cueille : aucun propriétaire n'en revendique la possession.

A ces électeurs, et ils sont le grand nombre, les impôts sont inconnus, même les prestations en nature, ils préfèrent la prison où ils sont mieux nourris que chez eux ; aussi, comme les geôles ne peuvent suffire, on passe outre.

D'autre part, ceux d'entre eux qui, solvables et travailleurs, commerçants et propriétaires, voient leurs impôts s'élever chaque année, s'émeuvent avec raison de cet état de choses.

Résultats : La population de couleur est maîtresse dans nos colonies et le grand nombre, qui n'est astreint à aucune obligation, y commande en maître, et le temps est proche, sans doute, où ils ne voudront plus accepter de gouverneur européen.

Il faut ajouter que, à côté de cette grande masse indolente, politiquant beaucoup, on rencontre quelques familles travailleuses, prévoyantes et plus instruites, où l'on rencontre l'aisance et la propreté ; malheureusement, comme rien n'est plus difficile à conserver que le bonheur, l'ambition les pousse à désirer pour leurs enfants des fonctions administratives dans les villes, et il est bien rare que les fils profitent de l'exemple de leur père.

Je crois, si je ne me trompe, que cet état maladif de l'esprit existe aussi en France !

Chose étrange! leur vanité se manifeste dans tous leurs actes : pas de funérailles sans qu'elles soient l'occasion de nombreux discours, sorte de tournois oratoires où la perte du défunt est considérée comme la plus irréparable que la société puisse faire ; pas de conversations où l'emphase, l'hyperbole, les mots sonores, les tours périodiques ne reviennent à chaque instant.

Time is money est inconnu aux Antilles.

Le plus petit propriétaire, le plus modeste employé se couvrent, à ruisseler de sueur, de vêtements en drap noir et n'ont garde d'oublier les manchettes énormes et les binocles à monture d'or; seuls les Européens, sous ce climat brûlant portent des vêtements légers et de couleur claire.

Les créoles ne sont astreints à aucun service militaire; il nous serait pourtant avantageux de ne pas négliger cette jeunesse de couleur qui ne demanderait pas mieux que de servir dans nos milices; habitués à ces climats brûlants, ils seraient pour nous de précieux auxiliaires dans notre armée coloniale où ils feraient d'excellents soldats. On pourrait espérer alors que l'honneur, le travail et la discipline qui font le prestige de notre armée, devinssent pour eux un enseignement salutaire susceptible d'amener insensiblement dans leurs habitudes cet esprit d'ordre et de prévoyance qui leur fait actuellement défaut.

Les naissances illégitimes dominent à la Martinique et, sous le rapport de la moralité, il est regrettable que les blancs oublient de donner un meilleur exemple.

*
* *

L'industrie sucrière, qui est actuellement la seule existante à la Martinique se trouve dans des conditions d'infériorité réelles par suite de la concurrence des sucres de betteraves, tant de France que d'Allemagne. Le prix de revient du sucre au planteur antillien est actuellement de 3 ou 4 francs supérieur aux prix de vente des sucres de betteraves en France et tout fait prévoir que cet écart ne pourra que s'accentuer avec le temps, il est donc de toute urgence d'aviser à une transformation dans la culture de cette île.

Il est vrai, m'a-t-on dit, que cela ne pourrait se faire sans exiger une grande avance de capitaux ; les nombreuses usines de distillation de la canne étant les seules organisations industrielles de ce pays, tout serait à créer, voilà où peut conduire un engouement irréfléchi pour un produit unique, alors que le sol dont on dispose peut se prêter si avantageusement à une grande variété de cultures.

On ne peut pourtant pas dire que l'événement dont il s'agit ne pouvait se prévoir, car il y a déjà de nombreuses années que la betterave est cultivée et que chaque année nouvelle marquait en sa faveur une prépondérance plus grande dans l'industrie sucrière.

Sagement inspiré, le Gouvernement colonial donne depuis quelques années une prime d'un franc par pied de caféier arrivé à sa troisième année ; à peine quelques propriétaires se sont souciés d'en profiter, la production de cette denrée est nulle ou insignifiante, tous les cafés vendus dans le commerce sous le nom de Martinique proviennent de la Guadeloupe ou d'Haïti.

A part quelques très rares plantations de caféier et de cacaoyers sur la côte est de l'île, on peut dire que la seule industrie agricole est celle de la canne à sucre.

En dehors du sucre, des rhums et des tafias et quelque peu de roucou, voici le tableau des exportations de la Martinique de 1890 à 1895.

	CACAO	CAMPÊCHE
1890	480.754	1.082.633
1891	490.361	897.507
1892	158.167	993.124
1893	407.620	1.094.406
1894	397.695	1.820.360

On estime que l'incendie de 1890 a coûté à Fort-de-France seulement 25 millions, le cyclone 50 ; malgré cela, la colonie se relevait, mais la sécheresse de 1894 et l'avilissement des prix de vente ont porté le dernier coup et arrêté la marche de ce progrès; il en résulte que la plupart des propriétés grevées d'hypothèques ont dû être reprises par le Crédit Foncier qui les exploite actuellement lui-même, pour ne pas tout perdre.

Les Banques locales ont aussi beaucoup avancé à l'industrie sucrière ; celle-ci ne faisant que peu d'exportations ne peut se libérer et le petit nombre de traites qu'elle fait est accaparé par les banques prêteuses; toute la monnaie métal a été drainée pour faire face aux engagements envers les fournisseurs étrangers; cette situation a amené la Banque de la Martinique (car la Banque de France n'est pas représentée dans notre colonie) à créer des coupures en papier de 1, 2, 5 et 25 francs ; de là une prime énorme pour l'argent français. Elle était déjà de 14 0/0 lors de mon séjour.

*
* *

Dans la partie sud de l'île, à Sainte-Anne et à Sainte-Luce, que j'ai visitée, les nègres et négresses, engagés pour la culture de la canne, sont payés, sans nourriture, 1 fr. 25 les uns et 1 franc les autres, la journée de douze heures de travail sans interruption aucune pour les repas ; ils se contentent de mâcher durant leur travail quelques tiges de cannes, mais après la journée ils font un repas un peu plus substantiel dans de grandes cases-hangars aménagées spécialement pour eux sur la plantation même. Ce repas est invariablement suivi de danses grotesques et échevelées qui ne prennent fin que lorsque danseurs et danseuses tombent exténués de fatigue et de sommeil.

Telles sont les conditions du travail des nègres nomades qui se déplacent par groupes, selon les offres des *géreurs* des plantations ; car les nègres indigènes, comme nous avons eu l'occasion de le dire, se refusent à tout travail régulier.

Les rhums de la Martinique sont excellents et même supérieurs à ceux de la Jamaïque. Je ne sais pour quelles raisons ces rhums sont peu vendus en France : peut-être ne sont-ils pas assez connus et appréciés à leur juste valeur, car avec la prime les exonérant de droits à leur entrée et leur qualité réelle, ils défieraient toute concurrence étrangère.

Toute industrie, dont les produits ont l'alcool pour base, aurait de très grands avantages à traiter directement avec les nombreuses rhumeries de ces îles ; c'est actuellement le seul produit que nous puissions tirer avec avantage de cette possession.

Le fret des rhums et des tafias de la Martinique à l'un des ports français de l'Océan ou de la Méditerranée est, par navire voilier, de 40 francs la tonne, soit 40 francs pour 900 litres environ.

Le bois de campêche pourrait être l'objet d'un commerce important, mais les difficultés de transport et le laisser-aller de l'administration qui laisse couper et tailler à volonté, font que cette industrie a été négligée jusqu'à ce jour. Néanmoins, depuis la mévente des sucres, certains industriels, pour se faire de l'argent, font défricher et couper, partout où les communications le permettent, bois et racines de ces arbres susceptibles d'être exportés. C'est le bois décortiqué qui contient le principe colorant, les brindilles n'ont aucune valeur; cette culture, intelligemment comprise, pourrait, de l'avis de tous, rapporter beaucoup à la colonie sans exiger de grands soins, car cet arbre se reproduit naturellement dans toutes les terres incultes de l'île.

Il est bon de dire que le Conseil colonial, justement ému de ces déprédations et sur la proposition de M. Mathivet, directeur de l'intérieur, prépare un projet de réglementation forestière.

Pris dans les entrepôts de Saint-Pierre, car Fort-de-France n'en exporte presque pas, le prix de ce bois varie entre 65 et 100 francs la tonne, d'après son plus ou moins d'abondance dans les ports et d'après les demandes.

Ce sont les capitaines des navires voiliers qui, pour parfaire leur chargement, achètent ces bois, certains d'en trouver la vente dans les ports français. Le fret de ce bois est de 25 francs par tonne.

La culture de la vanille est insignifiante. Quoique cette orchidée croisse avec vigueur, elle exige néanmoins beaucoup de soins, tant pour la diriger sur tuteurs que pour la fécondation artificielle de ses fleurs, complications trop grandes pour la plupart des cultivateurs de cette île.

Cette colonie n'exporte aucun fruit, tandis que la Jamaïque en exporte pour plusieurs millions aux Etats-Unis et en France.

Le gommier, dont on se sert pour faire les embarcations, est très commun dans les forêts; mais là encore, le manque de communications fait qu'on le néglige et les pêcheurs s'adressent à Trinidad ou à Sainte-Lucie, colonies anglaises, pour acheter leurs pirogues toutes faites.

Nombre de textiles végétaux pourraient s'utiliser ou se cultiver : le coton, l'aloès *(Fourcroya gigantea)*, le bananier corde ou abaca *(Musa textilis)*[1], le jute, beaucoup de palmiers, de yucca et d'agave demeurent sans emploi, soit par négligence, soit par manque d'outillage pour la décortication de ces plantes.

La sériciculture n'a rien à espérer dans cette colonie; d'après M. Nollet, diverses tentatives d'éducation ont été faites, mais sans donner de résultats satisfaisants ; du reste, le mûrier n'existe que comme curiosité à la Martinique, au jardin de Saint-Pierre.

L'élevage des bestiaux y réussit bien et pourrait se faire plus grandement ; celui des volailles, quoique très facile et produisant beaucoup, est abandonné par la plupart des propriétaires à cause des nombreux maraudeurs qui excellent dans l'art de s'en emparer.

∴

Les principaux articles d'importation dans cette colonie sont :

Parfumerie : la plus grande partie fournie par des maisons françaises et le reste par l'Amérique.

[1] Les fibres d'abaca sont estimées 75 francs les 100 kilogrammes.

Verrerie, cristallerie et porcelaines, de France exclusivement; les fers pour construction sont fournis par des maisons belges, les Français viennent en seconde ligne.

Parapluies et ombrelles dites *en cas*, chapeaux de paille pour hommes et pour dames, expédiés par des maisons parisiennes.

Vêtements tout confectionnés, en drap noir principalement, de maisons parisiennes[1].

Dans toutes ces villes coloniales et dans leurs environs, la mode est observée comme elle l'est en France et les jeunes femmes créoles, qui ont toutes une tendance à substituer le costume européen à leur costume local, et cela à leur grand désavantage, sont très vite renseignées et adoptent les modes parisiennes dès leur apparition. Ce serait une grande erreur de supposer qu'un article démodé puisse trouver acquéreur dans cette colonie.

Chaque paquebot venant de France apporte à profusion des journaux de modes et des catalogues des grandes maisons parisiennes et ces dernières font tout le commerce de la lingerie et des vêtements pour dames.

Le colis postal, de France pour ces colonies des Antilles, coûte 3 fr. 10, donnant droit à 5 kilogrammes et 20 décimètres cubes comme volume.

Mais en attendant que la généralité de la population ait adopté les costumes européens, le plus grand nombre, actuellement, porte le costume créole, qui est la robe en indienne couleur; l'article colonial par excellence sera donc pour longtemps encore, pour ne pas dire toujours, le tissu en coton léger dit *indienne*.

Malgré un droit sur les tissus de provenance étrangère, qui varie de 11 à 20 centimes par mètre[2] sur un article dont le prix moyen est de 45 centimes, soit une moyenne de 35 pour 100, alors qu'il n'est que de 4 1/2 pour 100 environ sur les produits français, cette différence qui paraît prohibitive ne nous permet pas encore de lutter avantageusement avec nos voisins les Anglais, qui y importent les neuf dixièmes de la consommation de ces tissus.

Seules, quelques maisons de Rouen y envoient des cotonnades de belle qualité destinées à l'ameublement, mais d'une vente fort restreinte.

On reproche aux fabricants français de ne pas vouloir fabriquer des tissus assez légers et partant à des prix assez bas, de ne pas non plus s'inspirer des coloris recherchés dans ces colonies; unanimement on reconnaît la supériorité de nos tissus, mais le prix est un obstacle.

Les créoles et les négresses portent toutes des robes en indienne, de couleurs claires ou éclatantes : le rouge et le rose sont les nuances pures préférées, mais le plus souvent ce sont des rayures ou des fleurettes imprimées sur fond rose, rouge, blanc ou ciel. Quant à leur coiffure, elle se compose d'un foulard en coton quadrillé par des rayures de couleurs les plus diverses, mais toujours avec rouge dominant[3].

Ce foulard, appelé *madras*, est simplement enroulé autour de leur tête et maintenu par un nœud en arrière dont elles laissent flotter les deux bouts.

Quelques rares tissus en lainage, appelés cachemires, étoffes très légères, à fond clair, agrémentées de petits dessins imprimés.

[1] Beaucoup de ces maisons parisiennes envoient des catalogues avec gravures et échantillons d'étoffes à toutes les personnes établies dans la colonie.

[2] Voir *les Nouveaux tarifs de douanes*, par Eugène Pierre, Paris.

[3] La plupart des créoles portent des coiffures où le jaune domine, mais ce jaune est rapporté par des artistes du pays afin de donner au tissu une fermeté plus grande.

Jadis la consommation des foulards en soie pour garnir les épaules était d'une grande importance; actuellement on les fait en schappe; il s'en porte encore quelque peu, mais le principal de la vente est encore le foulard de coton léger et souple, comme lustré; ils sont le plus souvent de couleurs pures; jaune, violet ou saphir.

Enfin la quincaillerie, la bimbeloterie et beaucoup de bijouterie or et argent.

Il ne faut pas oublier non plus les produits alimentaires tels que conserves (fournies en partie par les Américains) la morue salée, les vins et les fromages.

La France ne participe que pour la moitié dans le chiffre total des importations de tous genres.

Une innovation des plus heureuses, faite par les Chambres de commerce des deux villes de la Martinique, est la création d'une exposition permanente des produits industriels de France; un petit hall est affecté à cet usage et tout commerçant français peut bénéficier de ce moyen de réclame tout à fait gratuit, à la condition d'être appuyé par la Chambre de commerce de la ville où il réside. Les échantillons avec leurs tarifs sont acceptés et exposés.

Deux journaux politiques se publient à Saint-Pierre et donnent chaque semaine les mercuriales. Le *Moniteur de la Martinique,* journal officiel de la colonie, et le *Journal des colonies.*

⁂

Il m'est impossible de passer sous silence les reproches que, de toutes parts, j'ai entendu adresser au gouvernement de la Métropole.

Les gouverneurs que l'on choisit ne sont que transitoires et, comme tels, on ne leur demande aucun esprit d'initiative qui pourrait, étant réfléchi, concourir à améliorer le sort de la colonie; on leur demande au contraire de laisser tout faire, de ne rien déranger dans l'ordre existant, de ne pas trop sévir afin de ne créer aucun conflit. De cette façon, l'intérêt général est sacrifié.

Tout le monde sait que lorsque l'administration est chargée d'un projet ou d'une réforme quelconque, c'est à un échec certain qu'elle aboutit.

On est étonné aussi de la quantité de fonctionnaires que le gouvernement y envoie; ce nombre pourrait être largement réduit sans danger pour la bonne marche des affaires. Or, les fonctionnaires de tous ordres, blancs et créoles de toutes les couleurs, et ces derniers sont nombreux, n'ont qu'un objectif : obtenir un congé de convalescence en France, aux frais bien entendu de la colonie; ce qui leur est accordé avec générosité paraît-il après une maladie, même légère.

Je citerai à l'appui la composition des passagers, sur le paquebot qui m'a ramené en France : sur 159 passagers de 1re classe, on comptait 7 négociants créoles, 1 seul Français, 30 à 40 Vénézueliens, tous les autres étaient des fonctionnaires, la plupart avec leur famille. Des instituteurs, des écrivains d'administration, des inspecteurs, des sous-inspecteurs, etc., tous voyageant avec frais de voyage et de séjour payés.

Dans ces conditions, le rêve de tout créole un peu instruit est d'abandonner la culture pour entrer dans cette administration si bienfaisante et si paternelle.

Quel est donc le budget qui pourrait résister à de pareilles épreuves ? Ce qu'il y a de certain, c'est que tous les profits sont uniquement consacrés aux déplacements ou à la solde de cette armée d'employés.

Et pendant cette dispersion des capitaux, quels progrès dans la colonie? Aucun chemin de fer n'existe encore et les forêts de l'intérieur, si vastes et si riches, ne sont pas exploitées parce que les communications manquent à peu près partout.

On y fait en revanche beaucoup de politique à en juger par l'acharnement que met certaine presse à attaquer le Gouvernement. Les hommes de couleur sont partout les maîtres; le Conseil municipal et le Conseil général leur appartiennent; ils ont leurs députés et leurs sénateurs; ils occupent en grande partie les emplois dans les services publics: Postes, Douanes, Intérieur, Police, etc., etc.; la question de couleur aidant, ils désirent avoir davantage.

Les partis politiques sont nombreux et le socialisme y compte des adeptes.

On conçoit qu'en cet état de choses le rôle d'un gouverneur soit des plus difficiles; entouré d'ennemis, sa bonne volonté et ses intentions les meilleures ne tardent pas à s'émousser, se trouvant dans l'impossibilité de rien faire d'utile.

Et cependant cette population de couleur aime beaucoup la France, ils sont même tous très jaloux de leur qualité de Français. J'ai rencontré, chez les noirs surtout, des sympathies très flatteuses pour la mère Patrie, mais pareils aux enfants qui se sentent grandir, ils ne rêvent que la liberté la plus absolue.

*
* *

Je dois signaler avec quelle légèreté les mesures administratives se prennent dans ces colonies.

Désirant quitter la Martinique par le départ du 11 avril, j'apprends, dès le 9, que cette île était mise en quarantaine par la Guadeloupe; ne pouvant débarquer dans cette dernière sans subir un internement plus ou moins long dans le lazaret, j'ai renoncé à mon départ préférant rester libre jusqu'à la levée de cette mesure.

Le paquebot passe le 10, sans prendre ni voyageurs, ni marchandises, mais voilà que le lendemain la quarantaine est levée: c'était le fait d'une erreur de l'employé, chargé de la transmission des dépêches, qui avait télégraphié Martinique pour Dominique[1]! On croit rêver en apprenant de telles méprises, mais combien sont à plaindre ceux qui les subissent!

Il en est résulté par ce fait que du 30 mars au 30 avril, aucune communication n'a pu exister entre ces deux colonies, puisque aucun transport officiel n'a pu s'arrêter à la Guadeloupe entre ces deux dates.

Autre surprise: la Compagnie transatlantique ne tient pas compte des dates de départs inscrites sur son indicateur; si par le fait d'un temps exceptionnellement beau ou du manque de chargement dans les escales précédentes, le mécanicien a pu réaliser une avance d'un jour, tant pis pour le voyageur: lorsque celui-ci se présentera, on lui dira que le bateau est passé la veille et qu'il en passera un autre vingt jours après. La question de l'heure, on le comprend, est une question secondaire dans ces grandes traversées. On comprendrait un retard de un ou deux jours, mais un départ anticipé ne devrait pas exister.

Qu'en résulte-t-il? C'est que tout commerçant désireux d'aller vite en besogne et de faire sûrement ses affaires, attendra le Packet anglais qui, lui, a non seulement des départs à jours fixes, mais encore des heures fixes.

[1] *Journal des Colonies*, 20 avril 1895.

Les vagabonds sont nombreux dans tous ces ports et ils se tiennent à l'affût du voyageur trop confiant qui s'adressera à eux pour un service; l transport d'un bagage n'a pas de tarif, ce qui vaut 50 centimes, prix débattu à l'avance, vaudra 5 francs si vous avez négligé de prendre cette mesure ; mais en cela, je crois qu'on peut en dire autant en France.

Le plus souvent, le navire ne vient pas à quai ; or, pour débarquer, le voyageur doit subir toutes les exigences des bateliers nègres et, s'il a beaucoup de bagages, les prix les plus fantastiques lui seront demandés. La Compagnie ne se charge pas du transport des voyageurs et de leurs bagages sur le paquebot.

Il serait pourtant bien simple à celle-ci d'avoir un petit chaland à l'usage de ses voyageurs dans tous les ports où le bateau mouille au large et de faire payer une taxe régulière. Dans les conditions actuelles, le voyage devient une véritable fatigue pour celui qui a des bagages et qui surtout n'a pas de l'argent à distribuer à pleines mains.

La question du fret dans les colonies voisines n'est pas à l'avantage de notre marine marchande : à Haïti, les six huitièmes des exportations sont faits par une Compagnie allemande, un huitième par les Hollandais et un huitième par les Français.

GUADELOUPE

Dix à douze heures suffisent à un vapeur ordinaire pour se rendre de Saint-Pierre (Martinique), à La Pointe-à-Pitre (Guadeloupe).

La Guadeloupe est divisée en deux îles bien distinctes par un bras de mer de 6 kilomètres environ de longueur, qui s'étend du nord au sud, et que son peu de largeur a fait appeler par les premiers colons, la Rivière salée.

Ce détroit sinueux n'est navigable que pour les bateaux d'un faible tonnage, à cause de son peu de profondeur et des palétuviers nombreux qui croissent en abondance sur ses rives.

L'île située à l'ouest de la Rivière salée porte le nom de *Guadeloupe proprement dite* ou de *Basse-Terre;* celle qui s'étend à l'est porte le nom de *Grande-Terre.*

D'après le recensement de 1889[1], la population totale est de 158.000 habitants et la superficie de 1717 kilomètres carrés, dépendances comprises, dont 765 de forêts inexploitées.

Quoique les effets du cyclone ne se soient pas fait sentir dans cette colonie, elle a souvent eu à subir des orages dont les conséquences ont été terribles.

La Guadeloupe proprement dite ou Basse-Terre est entièrement volcanique, hérissée de mornes dont les pentes inférieures présentent des éboulis nombreux disséminés dans les terres culturales; on y trouve, à quelques centaines de mètres, des plages brûlantes, des mamelons élevés à température modérée.

En se rapprochant du massif de la Soufrière, dont le point culminant a 1485 mètres d'altitude, il est facile de trouver une température analogue à celle de la France, mais les averses y sont très abondantes et augmentent en proportion de l'altitude. La grêle est inconnue dans les Petites-Antilles.

[1] *Annuaire de la Guadeloupe et ses dépendances*, 1895. Basse-Terre, Imprimerie du Gouvernement.

Basse-Terre est le chef-lieu politique de la Guadeloupe, forte de 12.000 habitants; elle se présente sous un aspect des plus riants, avec ses maisons étagées sur les collines et ses nombreux massifs de verdure. Cette ville possède un jardin botanique spécialement créé pour fournir aux cultivateurs les espèces de plantes nouvelles, c'est donc aussi un jardin d'acclimatation. Non loin de la ville, à 600 mètres d'altitude, sur le versant occidental de la Soufrière, se trouve le Sanatorium du camp Jacob, station admirable où la température descend quelquefois jusqu'à 14 et même 13 degrés. De nombreuses sources thermales et sulfureuses s'écoulent en abondance des pentes de cette montagne recouvertes d'un ample manteau de forêts.

Par un beau temps, quelques heures suffisent pour gravir le sentier qui sépare le camp Jacob des premières crevasses de la Soufrière [1], mais les beaux jours sont rares sur ces hauteurs; ayant tenté de faire cette ascension, j'ai dû m'arrêter à moitié chemin à la station dite des Bains Jaunes, la pluie tombant depuis la veille, l'unique sentier accessible seulement aux piétons s'était transformé en torrent et c'est avec de l'eau parfois jusqu'aux genoux que je dus revenir sur mes pas.

Constamment sous le couvert des grands bois, dans ce clair-obscur des forêts tropicales où croissent, vivaces et serrées, des fougères arborescentes entremêlant leurs longs feuillages, des aroïdées aux feuilles géantes nuancées de rose dressent leur spathe, tandis que des aspérités des arbres, de superbes orchidées vivant en parasite laissent retomber de longues tiges couvertes de fleurs bizarres; spectacle merveilleux et inoubliable.

Grande-Terre

Le contraste entre cette île et celle de la Guadeloupe est des plus frappants. La Grande-Terre est basse, légèrement mamelonnée; dans cette dernière, les éruptions volcaniques n'ont pu atteindre la surface qu'en de rares endroits et les parties non submergées ont été recouvertes par des formations calcaires d'origine madréporique. A ces différences de formation existe naturellement une différence notable dans la température et dans le régime des pluies. C'est à la Grande-Terre que la température atteint son maximum d'intensité et où les pluies sont les moins fréquentes.

Pointe-à-Pitre, à l'extrémité méridionale de la Rivière salée, compte 17.250 habitants, ville très active et port principal de la colonie. Entouré d'une ceinture d'îlots dont l'écartement permet aux navires de pénétrer dans un vaste bassin de profondeur suffisante, ce port est à l'abri des vents du large et des raz de marée. La ville est bâtie sur des terrains autrefois noyés et dans le voisinage desquels la mer, en se retirant, a déposé des résidus marécageux; les alentours de la ville ne sont encore que de vastes marais sillonnés par des routes. Ces boues noirâtres, constamment humectées par l'eau de la mer, donnent naissance à de nombreux palétuviers dont les racines aériennes dissimulent un peu la laideur, mais leur voisinage est une cause d'insalubrité pour la Pointe-à-Pitre et le séjour dans cette ville est dangereux pour l'Européen.

La Pointe-à-Pitre est une ville aux rues larges et bien tenues, aux constructions élégantes ornées généralement de palmiers ou de plantes remarquables des tropiques,

[1] La Soufrière, volcan assoupi de cette île, appelé ainsi en raison des quelques fentes de son ancien cratère par où s'échappent des fumerolles et qui tapissent des dépôts de soufre.

elle possède un Museum d'Histoire naturelle locale connu sous le nom de Musée Lherminier. Ce Musée, entretenu par les soins et dans le local de la Société d'agriculture, est des plus intéressants à visiter.

M. Louis Guesde, secrétaire de cette Société, a été pour moi d'une obligeance que je me plais à signaler : c'est à lui que je dois la plupart des renseignements que j'ai obtenus sur l'agriculture dans cette colonie. Savant modeste et dévoué, actif et bienveillant, je ne saurais trop lui exprimer ici toute ma gratitude.

Les collections de ce Musée m'ont permis de constater que la Faune guadeloupéenne était assez restreinte et sensiblement la même que celle de la Martinique, excepté toutefois que le serpent fer de lance n'y existe pas, ce qui n'est pas un mince avantage.

Les rats étaient devenus si nombreux que l'on a songé à introduire la mangouste, espèce de petit carnassier de l'Inde ; depuis quelques années, les rats ont, en effet, bien diminué de nombre, mais on a constaté un fait curieux « d'adaptation au milieu », c'est que les rats, constamment pourchassés, ont pris l'habitude de se réfugier sur les arbres, où la mangouste ne peut les poursuivre, et ils détruisent alors quantité de couvées dont ils dévorent les œufs ; d'autre part, les mangoustes, voyant leur proie leur échapper, se rejettent quelquefois sur la volaille, près des cases ; de là, deux opinions sur la valeur des services rendus par cet animal.

Un superbe herbier de plantes médicinales indigènes ou acclimatées, contenant près de 400 plantes, réunies par le P. Duss et offert au Musée, donne une idée de la richesse florale de cette colonie.

∴

Les communications entre Pointe-à-Pitre et Basse-Terre se font, soit exclusivement par eau, soit par un service mixte de bateaux et de diligences. Tous ces services se font d'une façon très régulière.

Ce qui a été dit au point de vue commercial, pour la Martinique, peut s'appliquer exactement à cette colonie, trop voisine, du reste, pour offrir des changements notables ; même population, mêmes mœurs, mêmes goûts. Toutefois, l'activité y paraît ici plus grande, les cultures plus variées ; la canne à sucre est surtout cultivée dans la *Grande-Terre*, mais, sur les pentes plus fraîches de la Basse-Terre, on cultive le caféier, le cacaoyer et quelque peu de vanille ; de vastes espaces sont occupés par des plantations de roucouyers[1].

Tableau des exportations des cinq dernières années, sauf les sucres, les rhums et tafias :

	CAMPÊCHE	CACAO	ROUCOU	CAFÉ
1890	6.152.168 kg.	201.095 kg.	126.685 kg.	417.616 kg.
1891	9.645.520	282.099	74.470	387.637
1892	6.706.799	304.656	322.282	651.725
1893	5.544.587	317.438	302.777	477.972
1894	6.437.259	299.014	62.401	532.705

[1] La matière colorante que l'on obtient des graines de cette plante menace d'être détrônée à son tour par les produits colorants chimiques, à en juger par le peu de demandes actuelles de ce produit.

La situation commerciale de cette colonie, quoique un peu moins précaire que celle de la Martinique, est quand même fort compromise. La plupart des grands propriétaires n'ont encore que la canne à sucre comme produit, beaucoup de plantations de caféiers ne sont pas encore en rapport. Tout le monde espère et compte sur un dégrèvement total des produits coloniaux.

Dépendances de la Guadeloupe.

La Désirade, 27 kilomètres carrés, 1400 habitants. On y cultive le coton, mais la production est utilisée sur place à la confection des matelas. Les habitants se livrent à la pêche et à l'élevage des moutons.

Marie Galante, 163 kilomètres carrés, 13.850 habitants. Culture : canne à sucre, café, coton.

Les Saintes, 14 kilomètres carrés, 1000 habitants. La pêche est la principale industrie de ce groupe d'îles; on y fabrique aussi des briques et des poteries.

Saint-Barthélemy. On y confectionne de fort jolis ouvrages en coquilles et écailles de poissons. Sa proximité des colonies anglaises fait que celles-ci font tout le commerce d'importation et d'exportation.

Saint-Martin. La France ne possède que les deux tiers de l'île, l'autre tiers appartient aux Hollandais. On y fait de la poterie et l'élève du bétail.

En résumé, le climat dans nos deux colonies des Antilles est tout à fait supportable à l'Européen ; il le serait peut-être encore davantage si les communications permettaient de cultiver l'intérieur de ces îles, sur ces montagnes élevées où la température est douce.

Si l'on veut bien considérer que notre paysan de France travaille souvent dans les mois les plus chauds de l'année, de 4 heures du matin à 8 heures du soir, on peut affirmer, et cela n'est pas seulement mon opinion personnelle, mais celle de plusieurs Européens installés dans ces îles, qu'avec un travail modéré, notre cultivateur de France trouverait là des avantages[1].

Le travailleur qui a de l'ordre et de l'économie est certain de gagner largement sa vie et plus. On ne peut en dire autant en France, où quelquefois toutes ces qualités réunies ne suffisent pas, car ici les travailleurs abondent, tandis qu'ils manquent aux Antilles.

Dans les conditions actuelles, ces colonies ne pourront se relever et le commerce y sera insignifiant, en attendant qu'il devienne absolument nul.

Je me suis efforcé, dans cette courte étude, de tenir compte des exagérations de tous genres que je n'ai pas manqué d'entendre ; sans aucun parti pris, j'ai essayé pendant mon court séjour dans ces colonies de dégager le vrai du faux.

J'ai vu des hommes de couleur fort aimables et fort complaisants, comme il m'est arrivé d'en rencontrer de fourbes ; mais j'ai eu l'occasion aussi de rencontrer ces deux extrêmes chez des hommes de ma couleur ; il ne faut donc pas juger de l'ensemble sur la partie.

[1] Le taux du prêt sur hypothèque varie entre 8 et 12 pour 100, ce qui n'empêche pas certains emprunteurs actifs de se libérer promptement. Le café rapporte à lui seul 25 à 30 pour 100 des capitaux engagés à partir de la troisième récolte.

APERÇU SUR LA FAUNE ET SUR LA FLORE DES ANTILLES FRANÇAISES

Faune.

Une cause d'étonnement, qui frappe le voyageur, est le silence absolu dans les campagnes; les forêts sont muettes, pas un seul cri d'oiseau durant le jour, mais aussitôt les derniers rayons de soleil disparus, une petite grenouille grise très multipliée, espèce de rainette vivant sur les arbres et jusque dans les toitures des cases, fait entendre un cri plaintif régulier imitant assez le cri d'un oiseau.

On trouve, en certaines quantités, trois ou quatre espèces d'oiseaux-mouches. Ces charmants petits êtres se rencontrent jusque dans les jardins des villes; il n'est pas de fleur qui ne soit visitée chaque jour par plusieurs de ces légers et gracieux animaux.

Les ramiers et les perdrix, en petit nombre, constituent à peu près le seul gibier sédentaire de l'île; le seul gibier à poil est l'Agouti, mais il devient extrêmement rare, vu la chasse effrénée et en toutes saisons qui leur est faite, malgré des arrêtés de clôture; ceux-ci demeurent lettre-morte aux colonies, aussi les oiseaux ont presque tous disparu.

Toutefois un merle d'un gris noirâtre est très commun et peu sauvage, sans doute parce qu'il est le seul que les chasseurs respectent en raison des services qu'il rend aux bestiaux dont il dévore les parasites.

Sur les rochers escarpés qui dominent la mer, on aperçoit quelques Paille-en-queue dont le vol élevé et dans des parages généralement inaccessibles, les met à l'abri du plomb des chasseurs.

Les perroquets, s'ils ont existé dans ces îles, ont complètement disparu; néanmoins on m'a affirmé que sur les hauts pitons on rencontre encore très rarement une petite perruche spéciale, dont je n'ai pu avoir le nom, vu l'abandon complet des sciences naturelles dans ces colonies.

Diverses espèces d'écrevisses peuplent les ruisseaux ainsi que certains crabes; bien préparés, ils constituent un manger très délicat, mais les nègres, que tout travail fatigue, se contentent, aussitôt ces animaux saisis, d'allumer un petit feu et de les faire griller en les tournant entre leurs doigts à la façon d'un tourne-broche; lorsqu'ils sont jugés cuits à point, ils sont avalés sans aucun assaisonnement.

Quant aux crabes terrestres, une seule espèce est comestible, mais comme ces animaux ont tous la détestable habitude de se nourrir de matières les plus diverses, on leur fait subir, avant de les manger, une sorte de quarantaine dans des *crabières*, sorte de cages à fond couvert de sable où on les nourrit pendant plusieurs jours avec du maïs ou autres graines.

Véritable paradis terrestre des crustacés de tous genres, on en rencontre à chaque pas; le sol est criblé de trous dans lesquels certaines espèces terrestres se réfugient, les rivières en sont peuplées, et la mer en recèle un si grand nombre qu'il n'est pas un rocher émergé qui n'en soit couvert à en perdre sa couleur, tellement le nombre en est prodigieux.

Les parties marécageuses avoisinant les rivières ou les chenaux sont littéralement recouvertes d'un certain crabe, souvent énorme, à la carapace blanc jaunâtre et aux pattes rouges, et que les indigènes appellent *tourlouroü*, mais qui n'a certainement aucun rapport avec celui qui porte ce nom dans nos provinces méridionales.

Les pitons de ces îles sont fréquemment enveloppés de nuages et, selon l'altitude, la température descend quelquefois assez bas. J'ai constaté un matin sur le piton du Vauclin (Martinique) un abaissement si grand de la température que le nègre qui m'accompagnait était tout grelottant et j'éprouvais moi-même une sensation de froid des plus désagréables; nous étions enveloppés alors d'un brouillard intense; mais, quelques heures après, les nuages s'étant réduits en pluie, le soleil parut et nous eûmes à supporter une chaleur extrême.

On conçoit qu'avec ces deux éléments, la chaleur et l'humidité, la végétation soit des plus actives. Mais aussi, quel charme que cette exubérante végétation tropicale dans un cadre aussi pittoresque que celui des montagnes de ces îles! Sur les pentes des mornes, des arbres recouverts de lianes ont des dessous ombragés où des fougères arborescentes de grande taille croissent entremêlées de mousses remarquables, tandis que manguiers, bananiers, orangers et toute une série d'arbres aux feuilles luisantes se pressent aux alentours des cases.

Toutefois, au milieu de l'enchantement que produit une végétation aussi brillante, les désagréments ne manquent pas; le plus grand de tous est assurément la crainte permanente des nombreux serpents dont la morsure est souvent mortelle.

Le Trigonocéphale (Bothrops lancéolé), vulgairement appelé serpent fer de lance, est des plus communs à la Martinique; quoique n'attaquant jamais l'homme et qu'il fuie même à son approche, il ne s'éloigne qu'avec lenteur et semble avoir conscience de l'arme redoutable dont il est pourvu. Il manque heureusement d'une façon absolue à la Guadeloupe et dans ses dépendances.

Il ne faudrait pourtant pas en conclure que toute promenade à la campagne soit dangereuse à la Martinique, car on ne court aucun risque en suivant les routes et les sentiers battus; mais il serait téméraire de pénétrer dans le fourré d'un bois sans frapper préalablement avec une forte et longue canne et de s'y aventurer sans une extrême prudence.

Ce qui pullule, ce sont les petits lézards appelés anolis; il n'est pas un arbre sur le tronc duquel vous n'arriviez à en compter des familles entières, pas de brin d'herbe quelque peu résistant sur lequel ne se joue un de ces gracieux et inoffensifs reptiles.

On conçoit qu'avec une pareille quantité d'insectivores: crabes terrestres d'une part, lézards et serpents d'une autre, les insectes soient des plus rares; ils le sont, en effet, réellement, et, sous ce rapport, l'entomologiste a peu de captures à faire, du moins dans la saison où je m'y suis trouvé.

Les Coléoptères ne m'ont fourni qu'un très petit nombre d'espèces, dont je cite les principales:

Cyclocephala tridentata, vole le soir, facile à capturer près des lumières qui les attirent;
Antichira tristis et *Rutela striata*, peu communs, en battant les buissons;
Dynastes hercules, un seul mâle de grande taille, capturé dans le tronc d'un vieil arbre aux environs de la Basse-Terre;
Plusieurs espèces de *Passales* se rencontrent en écorçant les arbres morts ou malades;
Pyrophorus phosphorescens, commun;
Les *Lampyrides* sont représentés surtout par deux espèces très communes;
Aspidosoma lineatum, vole le soir avec une autre espèce dont je n'ai pu me procurer le nom; ils sont appelés Mouches à feu, en raison de la lumière brillante qu'ils

produisent ; rien n'est plus curieux que de les voir décrire au milieu de la nuit des milliers d'arabesques lumineuses s'entre-croisant en tous sens ;

Exophtalmus distinguendus, ce beau curculionide est l'espèce la plus commune de la famille ; il n'est pas rare sur les jeunes pousses des goyaviers sur lesquelles on le distingue à peine, vu la similitude de leurs couleurs ;

Chlorida festiva et *Tæniotes insularis*, assez commun ;

Trachyderes succinctus, très commun sur les plaies des arbres ;

Une superbe espèce de *Casside*, dont l'éclat ne le cède en rien à celui de l'or le plus brillant, est aussi très commune ; malheureusement, cet éclat disparaît avec la vie et, une fois l'animal mort, sa carapace devient d'un rouge terne.

Cette liste ne saurait donner une idée approximative des espèces que l'on peut trouver dans ces deux colonies ; toutefois, d'après les quelques collections locales que j'ai pu voir, celle du musée Lherminier entre autres, on constate que le nombre des Coléoptères est assez restreint.

En battant les buissons, il ne m'est pas arrivé de capturer une seule chenille et pourtant on aperçoit voltiger pendant le jour de nombreux papillons, mais peu variés comme espèces, tels que *Papilio Polydamas*, *Dione vanilla* et *D. moneta*, *Didonis Biblis*, *Danaïs Plexippus*, *Aganisthos Orion*, etc. ; mais ils sont tous très difficiles à saisir.

Les espèces nocturnes sont rares ; il ne m'est jamais arrivé en battant les buissons d'en faire voler une seule, sauf *Dejopeia ornatrix* qui abonde et qui vole en plein jour dans toutes les parties herbeuses et ensoleillées. Les *Sphingides*, à en juger par les collections locales, sont représentés par de nombreuses et grandes espèces, mais je n'ai pas eu la bonne fortune d'en capturer une seule.

Parmi les *Aranéides*, je ne peux citer que deux genres de *Mygales* : l'une très commune, d'un noir pourpré, velouté, est surtout abondante à la Martinique, aux environs de Saint-Pierre ; les créoles l'appellent « *Ma tou tou falaise* » et redoutent sa morsure. On la rencontre dans les bois humides, contre les pierres ou contre les troncs d'arbres ; elle se laisse facilement saisir, sans se débattre avec vigueur. L'autre espèce est de plus grande taille et atteint jusqu'à 15 centimètres les pattes étendues ; elle est d'un brun fauve, très velue ; elle est beaucoup plus rare ; je l'ai trouvée rampant lentement sur le sol.

Je n'ai pu capturer que trois espèces de névroptères : *Trithemis umbrata*, *Orthemis discolor* et *Lephtemis vesiculosa*, qui sont extrêmement communes ; toujours en chasse, elles contribuent à détruire les petits moustiques qui sont, d'ailleurs, en petit nombre ; contrairement aux avis qui m'avaient été donnés, je n'ai jamais été importuné par ces derniers, ni dans mes chasses, ni dans les cases où j'ai eu l'occasion de passer les nuits.

Les Termites se sont tellement multipliés que, dans certaines maisons, ils compromettent la sécurité des planchers et, dans les forêts, les arbres attaqués par eux ne tardent pas à disparaître, réduits en poussière.

Les Orthoptères sont représentés par de nombreuses et grandes espèces que je n'ai pu faire déterminer, ayant eu une boîte de ces insectes complètement détruite par les fourmis.

Ayant consacré la plus grande partie de mon temps à la recherche des Mollusques, je peux donner une liste plus complète des espèces antilliennes :

Murex brevifrons Lmk., commun dans la baie de Fort-de-France, par dragage de 20 à 40 mètres de profondeur.

Pyrula melongena Linn.
— *morio* Linn.
Pisania pusio Linn.
Tritonidea ringens Reeve.
Crassispira zebra Lmk.
— — var. *albomaculata*, D'Orb.
— — var. *ornata*, d'Orb.
Triton vestitus Hinds.
— *lanceolatus* Menke.
Phos Antillarum Phil.
Nassa Tegulus Reeve.
Purpura patula Linn.
— *undata* Lmk.
— *fasciata* Reeve.
— *deltoïdea* Lmk.
— *Columellaris* Lmk.

Toutes ces Pourpres se trouvent fixées aux rochers, au niveau le plus bas des eaux; ce n'est que lorsque la vague s'est retirée que l'on peut les apercevoir et se mettre en mesure de les détacher, ce qui se fait très facilement, mais il ne faut pas craindre les bousculades inévitables que les vagues vous font subir.

Les deux dernières espèces citées sont extrêmement communes.

Sistrum ferrugineum Reeve.
Oliva reticularis Lmk.
Olivella nivea Gml.
— *tergina* Duclos.
— *Oryza* Lmk.
— *mutica* Say.
— *Diodochus* Ad. et Reeve.

Fasciolaria tulipa Lin. Très commun dans les parties peu profondes et abritées, envahies par les Polypiers et les algues, au milieu desquels on peut les apercevoir, lorsque toutefois le vent ne ride pas trop la surface de l'eau, ce qui est l'exception aux Antilles.

Latirus Cayohuesonicus Sowb.
Leucozonia cingulifera Lmk.
Vasum capitellum Lin.
Voluta musica Lin.
Mitra Barbadensis Gml.
— *Dermestina* Lmk.
— *microzonias* Lmk.

J'ai trouvé ces trois dernières espèces autour des nombreux îlots qui forment la ceinture du port de la Pointe-à-Pitre; ces mitres étaient toutes réunies et en grand nombre dans des excavations du sol, sous des pierres immergées; elles étaient toutes, sans distinction, habitées par des Crustacés, ce qui me fait supposer que leur habitat normal doit être bien plus au large.

L'état tourmenté permanent de la mer dans les parages de ce port ne m'a pas permis de faire un seul dragage, vu la modeste pirogue dont je pouvais disposer.

Marginella prunum Gml.
— *interrupta* Lmk.
Columbella mercatoria Lin.
— *nitida* Lmk.
— *cribraria* Linn.
— *laevigata* L.

Toutes ces columbelles se trouvent fixées aux rochers de petit volume éboulés des falaises et immergés à leur pied; en retournant ces blocs de pierre, on est frappé de la quantité innombrable de coquilles de tous genres dont leur surface est recouverte.

Engina turbinella Kien.
Cassis flammea Lin.
— *testiculus* Lin. Très commun dans les dragages de faible profondeur, sur les fonds vaseux et non recouverts de polypiers; je les ai trouvés en nombre au Carbet, près Saint-Pierre (Martinique).
Oniscia oniscus Lmk.
Natica Marochiensis Gml.
Scalaria crassicostata Swb.
Terebra hastata Gml.
Conus mus Brug.
— *nebulosus* Sol.
Strombus pugilis Lin.
— *bituberculatus* Lmk.
— *Gigas* Lin.

Cette dernière espèce est très commune et la chair de l'animal constitue un mets très recherché; les coquilles sont vendues pour la fabrication de la chaux; elles sont employées aussi fort ingénieusement comme bordure des massifs dans les jardins d'agrément où elles produisent un effet très décoratif.

Cypræa exanthema Lmk. Commune aux alentours de la Pointe-à-Pitre, dans les parties peu profondes et abritées de la mer.
Cypræa cinerea Gml., rare.
Trivia pediculus Lin.
— *nivea* Gray.
Cerithium atratum Born.
— *litteratum* Born.
Littorina nebulosa Lmk.
— *tessellata* Phil.
— *zigzag* Chemn.
— *minima* Wood.

Toutes ces Littorines vivent par familles nombreuses sur les rochers émergés qui bordent les côtes; elles se contentent de l'humidité permanente que produisent les vagues qui retombent en pluie après s'être brisées contre ces rochers.

Tectarius muricatus L. La plus jolie et la plus commune du groupe, d'un blanc bleuâtre; elle est d'une telle abondance que certains rochers paraissent couverts de neige, alors que naturellement ils sont d'un brun noirâtre.
Modulus unidens Chemn.
— *lenticularis* Chemn.

Planaxis nucleus Lmk. Par familles, sous les petites pierres immergées.
Pileopsis samellosus Chmn.
Nerita versicolor Lmk.
— *tessellata* Gml.
— *antillarum* Gml., rare.

Ces trois espèces, sur les rochers immergés, vivent à la façon des Pourpres.

Neritina virginea Lmk.
— *viridis* L.
— *pupa* L.
Phasaniella tessellata C. B. Ad.
Turbo castaneus Gml., rare.
Lithopoma tuber L.
Omphalius scalaris Ant.
Livona pica L.
Chlorostoma excavatum Lmk.

Fixées solidement sur les rochers, au niveau moyen de la mer, jamais profondément, ces deux dernières espèces exigent, pour les arracher de leur point d'appui, l'emploi d'une lame de couteau très fine pour ne pas en briser la bouche dont les bords tranchants sont d'une extrême fragilité; elles sont toutes deux extrêmement communes.

Fissurella viridulus Lmk.
— *cancellata* Sow.
— *rosea* Gml.
Clypidella pustula Lin.
Emarginula octoradiata Gml.
Acmaea antillarum Hy.
— *punctata* Gml.
Patella puncturata Lmk.

Toutes les espèces de ce groupe sont très communément répandues sur les rochers, au niveau moyen des eaux; elles demandent, pour les obtenir en bon état, l'emploi d'une lame très fine, beaucoup de soin et de patience; malheureusement, il est rare d'avoir toutes ses aises et souvent, au moment de soulever un bel échantillon, une vague indiscrète vient vous culbuter sur une roche voisine, bien heureux si elle ne vous roule pas sur une colonie de *Diadema setosum*, espèce d'Echinoderme dont les épines longues et envenimées vous laissent de cuisants souvenirs.

Chiton tuberculatus Lin.
— *Janeirensis* Gray.
— *striolatus* Gray.

Ces Chitons sont extrêmement nombreux sur tous les rochers, au niveau moyen de la mer; cramponnés fortement, on ne saurait les en arracher sans un instrument tranchant, comme pour la récolte des Patelles. Leur test présente à la vue une masse convexe, offrant toutes les couleurs du spectre; cette irisation disparaît à la mort de l'animal.

Bulla amygdala Lister.
Helix dentiens Ferrussac.
— *orbiculata* —
— *badia* —

Helix Guadalupensis, commune en battant les lianes desséchées sur la lisière des bois, aux environs de la Pointe-à-Pitre

Helix Josephinæ Fer.

— *pachygastra* Gray.

— *discolor* Fer. Se trouve de partout à la Martinique, surtout près des habitations.

Bulimus multifasciatus Lmk. Cette jolie espèce, agréablement nuancée de rayures jaunes, vertes, rouges et noires, est des plus communes aux environs de Fort-de-France, sur la route qui conduit à Balata; malheureusement, à l'époque où je m'y trouvais, je n'ai pu recueillir que des sujets trop jeunes; on se la procure en battant les buissons.

Bulimulus exilis, varie beaucoup de coloration, depuis le blanc pur jusqu'au brun noir foncé et, entre ces extrêmes, on en trouve qui sont ornés de lignes brunes sur fond blanc et des sujets presque noirs, offrant seulement une seule ligne blanche très fine.

Cette espèce se trouve dans les parties basses de la Martinique et de la Guadeloupe, tandis que la précédente ne se trouve que sur les hauteurs.

Helicina Sp., petite espèce, de couleur variant du blanc pur au brun rouge, parfois à fond blanc pointillé ou zébré de brun rouge, commune en battant les buissons, principalement sur les hauteurs.

Cylindrella collaris Fer., par milliers, contre les parois des murailles, aux alentours de Saint-Pierre (Martinique).

Papyridea bullata Linn.

Lucina tugerina L.

— *pensylvanica* L.

Ces deux dernières espèces sont très communes dans les parties peu profondes et à fond de sable. On en récolte en abondance et elles sont vendues sur les marchés.

Asaphis deflorata L.

Strigilla carnaria L.

ECHINODERMES

Les animaux de cette classe sont largement représentés dans la mer des Antilles. Je citerai les espèces les plus communes: le peu de temps dont je disposais et le manque d'outillage spécial pour ce genre de capture ne m'ont pas permis de me procurer les espèces de grands fonds et même beaucoup d'espèces qui vivent par groupes et qui souvent sont localisées.

Echinides. — *Hippona esculenta*, espèce comestible aux épines blanches; certains individus mesurent jusqu'à 15 centimètres de diamètre: c'est l'espèce la plus commune. On la rencontre depuis le bord des plages jusqu'à 40 mètres de profondeur, de partout où les coraux ne tapissent pas le fond de la mer.

Toxopneustes variegatus, plus petite espèce aux épines d'un gris violacé, commune avec l'espèce précédente sur les fonds rocailleux.

Echinometra subangularis, plus rare,

Diadema setosum, la terreur des pêcheurs et des baigneurs, appelé par les indigènes oursin noir; les épines longues et acérées de cet animal le rendent vraiment redoutable, le moindre attouchement suffit pour que les épines pénètrent dans les chairs où elles se brisent; ils vivent en sociétés nombreuses toujours fixés fortement contre les parois des rochers.

Certaines criques en sont tellement infestées qu'aucune recherche n'y est possible.

OPHIURIDES. — *Ophioderma brevicauda*, *Ophiocoma equinata* et *Ophiolepis variegata*. Ces trois espèces sont très communes sous les pierres immergées des bords des plages, jusqu'à 50 mètres de profondeur. En soulevant ces pierres on les trouve par groupes de deux, trois ou quatre; si on les laisse à découvert, elles rampent lentement pour se soustraire à la lumière.

ASTÉRIDES. — *Pentaceros reticulatus*, large espèce d'un beau rouge orangé, commune de partout mais jamais à moins de 3 ou 4 mètres de profondeur.

Les Holoturies sont représentées par plusieurs espèces, mais la difficulté de rapporter ces animaux qui se décomposent presque au sortir de l'eau, ne m'a pas permis de faire identifier les espèces que j'ai rencontrées; cinq minutes suffisent pour que ces animaux de consistance assez ferme lorsqu'on les saisit, se résolvent en une masse gélatineuse irisée une fois sortis de leur élément naturel.

Flore

VÉGÉTAUX UTILES OU CURIEUX DES ANTILLES

Les renseignements concernant ce chapitre m'ont été fournis en partie par M. Nollet, directeur du Jardin botanique de Saint-Pierre (Martinique), et par M. Louis Guesde, secrétaire de la Société d'Agriculture de la Pointe-à-Pitre. C'est par leurs avis et par les facilités qu'ils m'ont données de visiter à mon aise les collections de leurs institutions respectives que j'ai pu rédiger ces quelques notes : je ne saurais trop leur témoigner ici ma vive gratitude.

L'herbier du musée Lherminier, admirablement annoté et contenant, outre les synonymies de chaque plante, leurs propriétés et leurs usages, a été pour moi d'une grande utilité.

ABRICOTIER D'AMÉRIQUE. — *Mammea americana* « L. Guttifères ». Grand arbre cultivé. On prépare avec les fleurs une eau digestive et rafraîchissante; le fruit est une grosse baie très sucrée, atteignant jusqu'à 4 kilogrammes. Densité du bois, 0.990.

Acacia scleroxyla, Tuss. Légumineuses, appelé TENDRE A CAILLOU à cause de la dureté de son bois; sa densité est de 1.237 et sa résistance de 2.053.

ACACIA SENEGAL ou ACACIA VERECK, Guill et Perrot. Légumineuses. Arbre importé qui donne une belle gomme arabique.

Acacia Farnesiana, W. Légumineuses ou *Mimosa Farnesiana*, L. cultivé. Les fleurs de cet arbre donnent un parfum agréable dont l'essence pourrait être utilisée pour la parfumerie.

ACAJOU FEMELLE ou CAJOU SENTI, *Cedrela odorata*, L. Meliacées, densité 0.596, est employé pour la menuiserie.

ACAJOU A POMMES. — *Anacardium occidentale*. Remarquable par la bizarrerie de son fruit; le drupe de celui-ci plus gros que la noix qui est grise et réniforme est extérieurement fixé au milieu de son ombilic; ce fruit, quoique d'une saveur un peu acide, est d'un goût assez agréable; il est très commun de partout, sans être cultivé.

ALOES KARATA ou *Fourcroya gigantea*, croît spontanément dans les terres incultes, cette plante donne en quantité une fibre très solide : seuls les habitants de la Désirade l'utilisent pour la fabrication des cordages.

Ananas. — Indigène, le fruit très connu est sans contredit un des plus parfumés et des plus beaux comme aspect extérieur.

La culture de cette plante, presque nulle à la Martinique, se fait assez grandement à la Guadeloupe; elle se fait sur deux rangées parallèles, distantes l'une de l'autre de 50 centimètres, les plants en quinconce; on laisse libre une surface de 1 m. 50 entre chacune de ces rangées doubles pour permettre de passer les instruments de sarclage et de procéder à la cueillette des fruits. La principale récolte a lieu du mois d'avril au mois d'août, douze à quinze mois après la plantation.

Nos colonies n'exportent encore aucun fruit, tandis que les Antilles anglaises en font un commerce avec les Etats-Unis de plusieurs millions de francs. Quelques tentatives d'exportations ont bien été faites, mais la main-d'œuvre est d'un prix trop élevé dans nos colonies et, malgré la faveur accordée à nos produits coloniaux à leur entrée en France, ce sont encore les ananas de Singapoor qui s'y consomment. Notre Parlement ferait bien de satisfaire aux vœux émis si souvent par les assemblées locales du dégrèvement total à leur entrée en France de toutes ces denrées secondaires d'exportation.

Les feuilles de l'ananas contiennent des fibres d'une finesse et d'une ténacité remarquables.

Amandier de pays ou Amandier franc, *Terminalia Catappa*, L., Combretacées. Introduit de l'Inde, très commun sur tout le littoral de la Martinique, densité 0.751.

Amandier de Maurice, *Terminalia mauritiana*, Lmk, Combretacées. Très rare à la Martinique, employé seulement comme bois de construction.

Amandier sauvage, *Terminalia latifolia*. L., se trouve seulement à la Guadeloupe, employé pour les bois de charpente, densité, 0.867.

Arbre a Pain, *Artocarpus incisa*. L., Urticées. Originaire de l'Asie, le bois passe pour être incorruptible, le fruit souvent énorme donne une espèce de farine qui, étant cuite, produit un manger agréable; cet arbre, très multiplié dans les deux colonies, est d'une grande ressource pour les populations rurales. Les fleurs en grappes, confites au sucre, produisent un dessert exquis et très aromatique. A Taïti, on emploie le tronc de l'arbre pour faire des pirogues et des planches de construction, ses feuilles et l'écorce du tronc servent à faire des nattes.

Avocatier, *Persea gratissima*, *Gœrtn.*, *Laurus persea*, L. Laurinées. Le fruit, connu sous le nom de beurre végétal et d'Avocat, est en forme de poire; la pulpe verdâtre près de la surface, jaune clair près du noyau, grasse au toucher, de consistance butyreuse, fondante, très aqueuse, est d'une saveur agréable; on la mange comme le beurre avec d'autres aliments. De l'Amérique du Sud.

Balata. — *Mimusa dissecta*, R. Br. Sapotées, densité du bois, 1.142.

Balisier. — *Canna Indica*, L. Assez commun dans les deux colonies, où il se reproduit dans les parties demi-ombragées des forêts; est employé en médecine comme aphrodisiaque.

Bambou. — *Bambusa arundinacea* Retz. Graminées. Il en existe des forêts entières. Cette plante, très envahissante, finit par s'approprier tous les terrains abandonnés dans ses alentours. Ses grosses tiges, quoique absolument évidées, sont employées dans la construction des cases; sciées transversalement entre chaque nœud, elles forment des vases très employés dans les usages domestiques.

Bananier. — *Musa paradisiaca* et *Musa sapientum*. Prospère très bien dans les deux colonies dans les terres profondes et chargées d'humus; son fruit est un des plus agréables au goût et d'une grande abondance de production. C'est une plante herbacée; elle se multiplie par des rejetons qui sortent au pied de la plante mère; chaque pied meurt après avoir fructifié; elle est très utilisée à la Guadeloupe pour protéger les plantations de caféiers et de cacaoyers. Verte, la banane renferme beaucoup de fécule; mûre, elle possède une grande proportion de sucre.

BANANIER CORDE OU ABACA. — *Musa textilis*, qui vient surtout dans les endroits très arrosés, renferme une fibre très fine, très longue et très tenace avec laquelle on fabrique des cordes excellentes, mais il ne produit pas de fruits comestibles.

L'ARBRE DU VOYAGEUR. — *Ravenala madagascariensis* est une variété de bananier qui s'est très bien acclimatée dans nos colonies; la majesté de son port, la disposition de ses longues feuilles en éventail le font rechercher comme arbre d'ornement. Le jardin de Saint-Pierre en possède de magnifiques pieds, on le rencontre du reste dans beaucoup de jardins privés.

BOIS D'INDE. — *Pimenta acris*, W. Myrtacées. Densité du bois, 1.211.

BOIS DYSENTÉRIQUE, BOIS TAN, MERISIER DORÉ, MAURECIE. — *Byrsonima spicata*. Dc.. Malpighiacées. Sert pour le tannage et pour la teinture en rouge.

BOIS MABI. — *Colubrina pectinata*. Brug. Rhamnées. On fait avec l'écorce de cet arbre et des copeaux de Guaiac, auxquelles on ajoute du sirop, la boisson créole appelée Mabi.

Bruguiera gymnorhiza, Lmk., Rhizoporacées. Arbre du littoral de la Martinique dont l'écorce sert à la teinture en noir.

CACAOYER, CACAO. — *Theobroma cacao*, Buettneriacées. Originaire du Mexique; on en rencontre aussi des forêts sur les bords de l'Amazone et de l'Orénoque, introduit à la Martinique et à la Guadeloupe de 1660 et 1684 suivant le P. Labat.

Il fleurit vers l'âge de trois ans, mais ne commence à donner des récoltes importantes que vers cinq ans, sa durée moyenne est de vingt-cinq à trente ans et donne deux récoltes par an, d'avril en juin et de novembre à janvier : cette dernière est la plus importante, la vraie récolte.

La gousse du cacaoyer offre cette particularité qu'elle se développe sur le tronc et les grosses branches inférieures au lieu de sortir des extrémités ou sur la longueur des jeunes branches comme dans la généralité des plantes, le poids de ces gousses dépasse souvent 500 grammes.

Très cultivé à la Guadeloupe, il l'est très peu à la Martinique.

Le cacaoyer se multiplie par semis, mais les graines doivent être mises en terre peu de temps après l'ouverture de la gousse qui les renferme, car elles perdent vite leur faculté germinative. Les jeunes pieds ont besoin d'être abrités et contre le soleil et contre le vent; on les abrite du soleil en plantant dans les cacaoyères des lisières d'arbres droits et élevés, et du vent, en plantant des bananiers. Presque tous les cultivateurs un peu importants de cet arbre ont reconnu l'utilité de l'élevage des abeilles pour la bonne fécondation des fleurs. Là où il y a des ruches les récoltes sont assurées, quel que soit le temps, et sont toujours plus belles qu'ailleurs.

Ce sont les graines de cacao, séchées, grillées et dépouillées de leur enveloppe pelliculaire, puis broyées et mélangées au sucre qui constituent le chocolat.

La densité du bois est de 0.431.

CAFÉIER. — *Coffea arabica*, L. Originaire de l'Asie méridionale. En 1720, trois jeunes caféiers furent confiés au capitaine Duclieux pour les naturaliser à la Martinique ; deux d'entre eux périrent pendant la traversée et le troisième ne fut sauvé que grâce aux soins du capitaine qui partagea avec lui sa ration d'eau douce et put ainsi le conduire plein de santé dans cette île. Ce seul pied fut le point de départ de toutes les plantations de la Martinique et de la Guadeloupe, de Cayenne et de Saint-Domingue.

Le caféier commence à rapporter deux ans après la plantation, mais il n'est réellement en plein rapport que de cinq à huit ans, il se plaît dans les terres légères et profondes, mais pour prospérer il a besoin d'être abrité du soleil et du vent. On est donc obligé de lui créer des abris en plantant longtemps à l'avance dans les terres que l'on veut transformer en caféières certains arbres à croissance rapide qui, tout en le préservant ne gênent point son développement, on les plante en lignes parallèles distantes de 8 à 10 mètres. C'est entre ces lignes d'abris que l'on plante les caféiers en les espaçant de 1 m. 50 à 2 mètres en quinconces.

Les plantations se font d'octobre à décembre de sujets obtenus de semis faits en pépinières. Le fruit est une baie rouge qui renferme deux graines de café. Ces baies sont passées dans un moulin spécial qui sépare les graines de café de la pulpe, après une fermentation de vingt-quatre heures, au cours de laquelle la gomme qui entoure le grain se décompose, les grains sont lavés à grande eau pour en détacher les derniers fragments de pulpe qui pourraient encore y adhérer, puis séchés au soleil.

A la Martinique, cette culture a presque été abandonnée et on peut dire qu'il n'y a point ou presque point de café dans cette île.

A la Guadeloupe, il est l'objet d'une grande culture, surtout dans les communes de Saint-Claude, à Gourbeyres et aux Trois-Rivières; on ne peut le cultiver dans la Grande-Terre.

L'abandon de cette culture à la Martinique est occasionné par les maladies auxquelles cet arbuste est exposé et surtout par l'invasion d'une petite tineide. *Elachista coffæella*, dont les chenilles vivent entre les deux surfaces de la feuille dont elles dévorent le parenchyme. Les plants ainsi attaqués, ne tardent pas à dessécher et à mourir.

Café nègre. — *Cassia occidentalis*, L. Produit un café assez bon, mais il est surtout connu dans le pays comme un antifiévreux puissant.

Calebassier. — *Couroupita Guianensis*, Aubl., Myrtacées, appelé calebasse, boulet, abricot de singe. Très commun, le fruit n'est pas comestible, mais son enveloppe extrêmement dure est utilisée pour faire des vases, des coupes et tout autre récipient. Le fruit atteint la grosseur d'un gros melon.

Campêche. — *Haematoxylon campechianum*, L., Légumineuses. Densité du bois, 1.003. Ce bois, riche en principe colorant, le fait rechercher pour les teintures en noir, en bleu ou en violet. Très commun dans les deux colonies où il se reproduit dans toutes les terres incultes, il n'est l'objet que d'un commerce insignifiant, les difficultés de communication le font abandonner ; il est pourtant utilisé en ébénisterie, car étant très dur il peut recevoir un très beau poli. Le bois parfait est d'un rouge foncé, mais son aubier est jaunâtre, il n'est marchand que lorsqu'il est dépouillé de son écorce et de son aubier.

Cannelle blanche. — *Cannella alba*, Murr. Cet arbre produit l'écorce de cannelle blanche et les fleurs servent à faire des conserves parfumées.

Canne a sucre. — *Saccharum officinarum*, Graminées. De l'Asie méridionnale. Introduite à la Guadeloupe, en 1648, par des Français, cette plante est devenue l'objet des principales cultures de nos deux colonies.

La canne à sucre est une plante annuelle, si on l'envisage seulement au point de vue de ses rejetons; mais si on l'envisage au point de vue de ses souches, c'est une plante vivace, car les souches peuvent durer presque indéfiniment dans le même sol en poussant chaque année des tiges nouvelles.

Selon la nature du sol, plus ou moins profond ou plus ou moins riche en humus, les souches sont conservées de cinq à vingt-cinq ans.

Les plus belles plantations sont généralement celles que l'on rencontre dans les grandes plaines du littoral exposées à l'air de la mer, car c'est là que la canne à sucre trouve réunies cette chaleur et cette humidité dont elle a besoin pour atteindre toute sa luxuriance. Les plus hautes tiges atteignent jusqu'à 6 mètres de longueur, sur une circonférence de 9 à 20 centimètres.

On plante généralement en quinconce et bien en ligne, en mettant une distance de 1m25 à 1m50 entre chaque plant ou bien encore en haies régulières espacées de 2m50.

La récolte se fait quand la canne a atteint tout son développement; dans nos deux colonies, elle commence généralement dans la deuxième quinzaine de janvier et se poursuit jusqu'en juin.

On coupe la canne avec le coutelas; on la coupe au ras du sol sans attaquer la souche. Une fois détachée, elle est partagée en tronçons de 80 centimètres à 1 mètre de longueur que l'on réunit en paquets, et puis transportés aussitôt à l'usine.

Les rats sont les plus grands ennemis qu'ait la canne à sucre, ainsi que certains crabes.

Cannelier. — *Cinnamomum Zeylanicum*, Bl. Comme son nom l'indique, n'est pas indigène aux Antilles; il y est quelque peu cultivé pour son écorce qui constitue la cannelle; l'arbre ne peut être écorcé que tous les trois ans.

Casse, Caneficier. — *Cassia fistula*, L. Légumineuse. La pulpe du fruit est laxative. Culture assez commune.

Cassia decipiens, Derv. Fruits purgatifs comme ceux du Sené.

Cassia alata, Vulg. Dartrier. Employé contre les dartres et les maux de gorge; la feuille desséchée et en infusion produit un breuvage anti-fiévreux.

Arbre très apprécié aux Antilles, où il est cultivé aux deux points de vue de l'utilité et de la décoration des jardins.

Castilloa elastica, Cerv. Arbre importé qui donne une bonne sorte de caoutchouc.

Choux caraibe. — *Calocasia esculenta*, Schtt, Aroïdées. Indigène et cultivé pour sa racine, riche en fécule.

Coca peruviana. Arbuste dont on extrait la cocaïne, commence à se cultiver dans les deux colonies.

Cocoyer. — *Rheedia lateriflora*, L. Clusiacées. Produit une cire dure, bonne pour l'éclairage.

Cocotier. — Importé, mais son origine est inconnue. Il pousse presque exclusivement sur les bords de la mer.

Quand la noix de coco est jeune, elle renferme une eau opaline qui constitue une boisson légèrement sucrée agréable et nutritive; d'autre part, l'amande du jeune coco à l'état de crème constitue une nourriture très saine et très substantielle. Quand le fruit est mûr, l'amande devient dure et renferme une huile abondante. Dans cet état, l'amande est employée pour la confiserie et la pâtisserie.

L'huile de coco est utilisée dans l'eclairage et dans la fabrication des savons; ce qui reste de la noix après l'extraction de l'huile est utilisé pour engraisser les porcs. Avec la filasse qui enveloppe la noix, on fait des cordes excellentes, des filets et même des voiles de pirogues. Les feuilles du cocotier sont utilisées pour faire des couvertures de cases, des sacs, des nattes et des paniers. L'enveloppe de la noix sert à faire des coupes, des tasses, et prend un très beau poli.

Le chou se mangeen salade et constitue un mets excellent.

Un cocotier adulte peut donner de 80 à 100 cocos par an, jusqu'à son dernier jour.

Copaifera officinalis, L. Légumineuses. Originaire de la Nouvelle-Grenade. On extrait du tronc, par des incisions, l'oléo-résine, connue sous le nom impropre de baume de copahu. Cet arbre est assez rare; il en existe un superbe exemplaire au jardin botanique de Saint-Pierre (Martinique), dont le tronc, à la base, ne mesure pas moins de 2 mètres de diamètre. Le bois est bon pour la marquetterie.

COPAL TENDRE. — *Hymenaea Courbaril*, Légumineuses. Commun dans le voisinage des cours d'eau, laisse exsuder une résine jaunâtre transparente nommée copal tendre qui sert à faire des vernis.

COROSSOLIER. — *Anona muricata*, L. Le fruit qui porte le nom de Corossol, Cachiman épineux, Sapadille, est une grosse baie ovoïde, verte, hérissée de pointes, qui atteint jusqu'à 2 kilogrammes, la chair intérieure est une sorte de crème légèrement sucrée, mais sans arome. Cet arbre est très commun à la Martinique, dans les jardins et aux alentours des cases; l'intérieur du fruit mélangé avec le jus de citron produit un breuvage très efficace contre la dysenterie. Convenablement emballés, ses fruits pourraient s'exporter.

COROSSOL DE MARAIS. — *Anona palustris*, L. Appelé aussi corossol de la mer, pomme de serpent; le bois des racines est employé comme liège et sert à la fabrication des bouchons, le fruit est vénéneux.

COTONNIER. — *Gossypium arborescens*. Indigène à la Martinique, mais la culture en a disparu sans cause connue; dans la Guadeloupe on ne le rencontre plus qu'à la Désirade, aux Saintes et à Saint-Martin, où il est utilisé sur place. L'huile vendue à la Guadeloupe et probablement dans beaucoup d'autres pays sous le nom d'huile d'olives, est assez généralement tirée des graines du cotonnier.

ÉBÈNE VERTE. — *Tecoma leucoxylon*, Mart. Bignoniacées. Bois le plus lourd et le plus dur, commun à la Guadeloupe, densité 1.377. Résistance 2.082.

FROMAGER — *Eriodendron anfractuosum*, Dc. Bel arbre commun, cultivé pour l'ornementation.

GIROFLIER. — *Caryophyllum aromaticum*, L., Myrtacées. C'est la fleur cueillie avant que la corolle soit tombée et, lorsque les pétales sont encore soudés, qui produit les clous aromatiques connus sous le nom de clous de girofles. Cultivé.

GOMMIER. — *Bursera gummifera*, Térébinthacées. Commun et indigène dans les deux colonies. Le tronc sert à faire des pirogues. Densité 0.666.

GUAIAC. — *Guaiacum officinale*, L., Zygophyllées. Les copeaux du bois sont employés pour la fabrication de la boisson créole appelée mabi.

GOYAVIER. — *Psidium pyriferum*. Arbrisseau aux feuilles velues; le fruit, de la grosseur d'une petite orange, a la couleur de cette dernière; sa pulpe est très douce et très aromatique.

Indigène dans les deux colonies. Très commun.

Goyavier, montagne. — *Eugenia pseudopsidium*, Jacq. Myrtacées. Remarquable par la densité de son bois qui est de 1.200 et sa résistance 2.840.

Icaquier. — *Chrysobalanus Icaco*, Rosacées. Le fruit appelé prune des Andes et prune coton, sert à préparer une couleur d'un beau noir.

Indigotier. — Cultivé jadis, mais la culture en est abandonnée, se rencontre encore à l'état sauvage à Marie-Galante et à la Désirade.

On extrait l'indigo de la plante toute entière.

Kola. — Arbuste importé et cultivé à la Guadeloupe.

Le fruit appelé noix de kola est employé en médecine.

Liane réglisse. — *Abrus precatorius*, L. Très commun dans les haies, produit ce petit fruit d'un rouge éclatant avec une tache noirâtre du côté embryonnaire que nos pharmaciens ont mis à la mode pour orner les bocaux de leurs magasins. On fabrique avec ces petits fruits très durs des bracelets et autres petits ouvrages.

Mancenillier. — *Hippomane Mancinella*, L., Euphorbiacées. Appelé aussi Noyer vénéneux. Arbre de poison, arbre de mort, figuier vénéneux. Arbre à suc laiteux, irritant, vénéneux, le fruit est un poison pour l'homme et les animaux. Densité du bois 0.651.

Manguier. — *Mango*. *Mangifera indica*, L., Térébinthacées. Le fruit appelé mangue est un des meilleurs des Antilles ; on distingue le manguier commun (mangue de Saint-Michel, mango) importé de l'Inde. Très répandu dans les deux colonies, dont le fruit petit est peu estimé, mais le fruit du manguier greffé, au contraire, est gros et des plus savoureux. On retire des fruits du vin, de l'alcool et du vinaigre. Densité 0.480.

Manioc. — Cette plante est pour le cultivateur créole ce que la pomme de terre est pour le paysan en Europe. Il lui faut un sol léger, meuble et perméable, bien exposé au soleil, elle se reproduit par bouture et exige douze à quatorze mois pour acquérir tout son développement.

C'est de la racine qu'on extrait la farine; quand on a enlevé par le raclage toute la pellicule brune qui recouvre la racine, on la met tremper dans de l'eau, puis on la lave avec soin; aussitôt après on la passe au moulin qui la réduit en une pâte presque liquide; cette pâte ainsi obtenue est recueillie dans des récipients et on y ajoute un peu d'eau, on remue fortement pour la bien délayer, puis on la met sous presse dans des sacs en toile ou en latanier.

L'eau recueillie après la première pression est un poison violent pour l'homme et les animaux. Quand les sacs ne rendent plus d'eau, on fait passer leur contenu sur des tamis en joncs tressés pour unifier le grain et on fait cuire en farine.

Mimosa pudica, L. Sensitive. Indigène aux Antilles. Dans les sentiers ombreux et humides, cette plante curieuse est surtout abondante, le bruit des pas suffit pour lui faire fermer ses folioles, mais elles se rouvrent aussitôt le voyageur passé.

Mombin. — *Spondias Mombin*. Jacq. Térébinthacées, *Spondias lutea*, L. Prunier d'Amérique. La pulpe qui entoure le noyau est acide et très aromatique ; on récolte par sa distillation une eau-de-vie très estimée. Cet arbre, ainsi que le calebassier, sont les seuls qui perdent complètement leurs feuilles avant de refleurir et en prendre de nouvelles.

Muscadier. — *Myristica fragrans*. Houtt. *Myristica moschata*, Thumb. Myristicées. Originaire d'Amboine, cultivé à la Martinique et un peu à la Guadeloupe.

Cet arbre ne commence à donner des fruits que vers sept à huit ans, il donne alors trois récoltes par an. A leur maturité, les fruits sont jaune citron, leur enveloppe charnue s'entr'ouvre en deux valves et laisse voir une coque enveloppée d'un réseau à mailles d'un rouge éclatant. La coque contient l'amande qui est la *muscade*, celle-ci a une chair très dure, huileuse et très odorante.

Palétuvier. — *Rhizophora mangle.* L. Rhizophoracées. Appelé aussi Mangle rouge. Très commun sur le littoral des deux colonies, sur toutes les rives limoneuses, remarquable par ses racines aériennes en forme d'arceaux supportant au-dessus de l'eau le tronc de l'arbre. Le bois est inattaquable par l'eau de mer. Certains îlots et rivages sont inabordables par les réseaux que forment les racines enchevêtrées de ces arbres.

Patchouly. — *Pogostemon Patchouly.* End. Thym Patchouly.

Poirier a fleurs blanches. — *Tecoma pentaphylla.* D. C. Bignoniacées. Arbre précieux et peu connu. Ses propriétés fébrifuges bien connues de la population noire sont plus puissantes que celles du quinquina. Densité 0.673.

Pois d'Angole. — *Cajanus indicus.*

Pois doux des bois. — *Inga ingoïdes.* W. Légumineuses. Employé comme abri dans les plantations de caféiers. Densité du bois 0.769.

Pois doux gris. — *Inga ferruginea.* D. C. Même emploi que le précédent.

Pois a gratter. — *Dolichos pruriens.* L. La gousse, entourée de poils longs, ressemble à une grosse chenille velue, très commun dans les haies, le voisinage en est dangereux lors de la déhiscence des fruits.

Poivrier. — *Piper nigrum* Des Indes orientales. Introduit à la Guyane par l'intendant Poivre en 1771. Réussit très bien dans nos deux colonies, mais il est à peine cultivé.

Cette liane produit des fruits depuis la troisième année jusqu'à vingt-cinq et trente ans; la récolte se fait deux fois par an, en août et septembre et en février et mars.

Pomme de liane sauvage. — *Passiflora serrata.* Fruit exquis et très commun, serait d'une exportation lucrative.

Ramie. — Originaire de l'Inde et de la Chine, plante essentiellement textile, remarquable par la finesse et la longueur de ses fibres, leur ténacité et leur abondance; se propage de racines, de tiges et de semis. Cette culture serait pleine d'avenir dans les deux colonies où elle réussit merveilleusement, mais la question de décortication et celle du dégommage sont encore à l'étude.

Ricin. — Carapat des Antilles. Etait connu des Caraïbes au début de la colonisation qui faisaient un grand usage de son huile mélangée avec la pâte de roucou pour oindre leur corps et se mettre ainsi la peau à l'abri des piqûres des moustiques.

Cette plante croît spontanément à la Martinique et à la Guadeloupe, c'est la première plante qui paraisse lorsqu'on déboise les Mornes. Cela ne peut s'expliquer que par la dissémination des graines faite par les oiseaux, soit en les laissant tomber en les emportant dans leur nid, soit par leurs déjections, ce qui est plus admissible.

Les graines de ricin donnent le tiers de leur poids en huile, mais la culture de cette plante est complètement négligée.

Riz. — Originaire de l'Inde. On commence à cultiver, à la Guadeloupe, une variété appelée riz de montagne, qui n'exige pas d'être cultivée dans les terrains alternativement immergés. Tous les terrains lui sont bons; il n'épuise pas le sol et n'a besoin d'aucun engrais.

ROUCOUYER. — *Bixa orellana*, L. Indigène à la Guadeloupe, est une plante tinctoriale, dont le produit a eu, jusqu'à nos jours, dans l'industrie, des alternatives de faveur et de défaveur.

Le racouyer se multiplie par graines semées en place de 2 à 4 mètres de distance, en tous sens, suivant la fertilité du sol; il est en plein rapport dès la troisième ou quatrième année et vit indéfiniment; il donne deux récoltes par an, en décembre et en août.

On reconnaît que la graine est mûre quand les gousses commencent à s'ouvrir.

La graine aussitôt cueillie est broyée dans un moulin; la pâte obtenue est rebroyée plusieurs fois, jusqu'à ce qu'elle soit bien fine et bien homogène. On fait avec cette pâte des boules de 3 à 5 kilogrammes, que l'on enveloppe de feuilles et que l'on enfutaille pour être exportées.

SABLIER. — *Hura crepitans*, L. Arbre du diable. Purgatif, émétique, le fruit éclate en tombant de l'arbre, et les graines sont projetées au loin avec un bruit comparable à celui d'un coup de pistolet.

On voit de beaux spécimens de ces arbres sur les promenades publiques de Fort-de-France et de la Pointe-à-Pitre.

SAPOTILIER. — *Achras sapota*, Sapotacées. Le fruit appelé sapotille est fort estimé pour sa pulpe qui est sucrée et fondante et d'un parfum très délicat; il a la forme d'une poire à épiderme grisâtre; il peut facilement s'exporter.

TABAC. — Originaire des Antilles.

Découvert en 1498, par Christophe Colomb, dans l'île de Tabago, importé en France par l'ambassadeur Jean Nicot, en 1560, et fut appelé nicotine.

La culture de cette plante a été presque abandonnée dans nos colonies, par cette raison que l'on n'attribuait pas au sol les propriétés voulues pour que le produit fût susceptible de lutter avantageusement avec les tabacs de la Havane; cependant il est bien établi, par de nombreuses expériences, qu'une culture judicieusement conduite pourrait amener la production d'un tabac marchand susceptible de donner de grands profits.

La culture de cette plante est à peu près nulle.

TAMARIN OU TAMARINIER. — *Tamarindus indica*, L. Originaire de l'Afrique et de l'Asie.

La pulpe du mésocarpe qui est d'un brun rougeâtre, d'une saveur astringente et sucrée, sert à préparer des conserves d'un goût agréable. Très commmun, surtout à la Martinique, où il croît spontanément dans les terrains incultes un peu profonds; on en voit aussi de beaux spécimens sur les promenades publiques dans les deux colonies.

VANILLER. — Orchidée. Originaire du Mexique.

A peine cultivé à la Martinique, il l'est un peu à la Guadeloupe proprement dite seulement.

Il demande des terres légères, fraîches, très chargées d'humus, abritées des vents et une température de 25 à 28 degrés.

On le multiplie par boutures en mai et avril ou en septembre et octobre, ne fleurit qu'au bout de 3 ou 4 ans et peut vivre 15 ans au plus.

Le vaniller a besoin de tuteurs, mais à la Guadeloupe on le cultive dans les caféières et on le laisse grimper follement sur les arbres qui servent d'abri aux caféiers.

Pour fructifier, cette plante exige d'être fécondée artificiellement. Cette opération se fait à la main et au fur et à mesure de l'épanouissement des fleurs. Les gousses se cueillent quand leur extrémité inférieure commence à prendre une teinte jaunâtre, du mois de mai au mois d'août; mais avant d'être livrées au commerce, elles subissent une foule de préparations qu'il serait déplacé de rapporter ici.

Le vanillon est le produit du vanillier indigène au Pérou, au Brésil et aux Antilles; il a une odeur très forte, mais point balsamique, ses gousses sont courtes, gonflées, très grosses et foncées en couleur; elles sont généralement toutes fendues.

Lyon. — Imp. Pitrat Ainé, A. Rey Successeur, 4, rue Gentil. — 14793

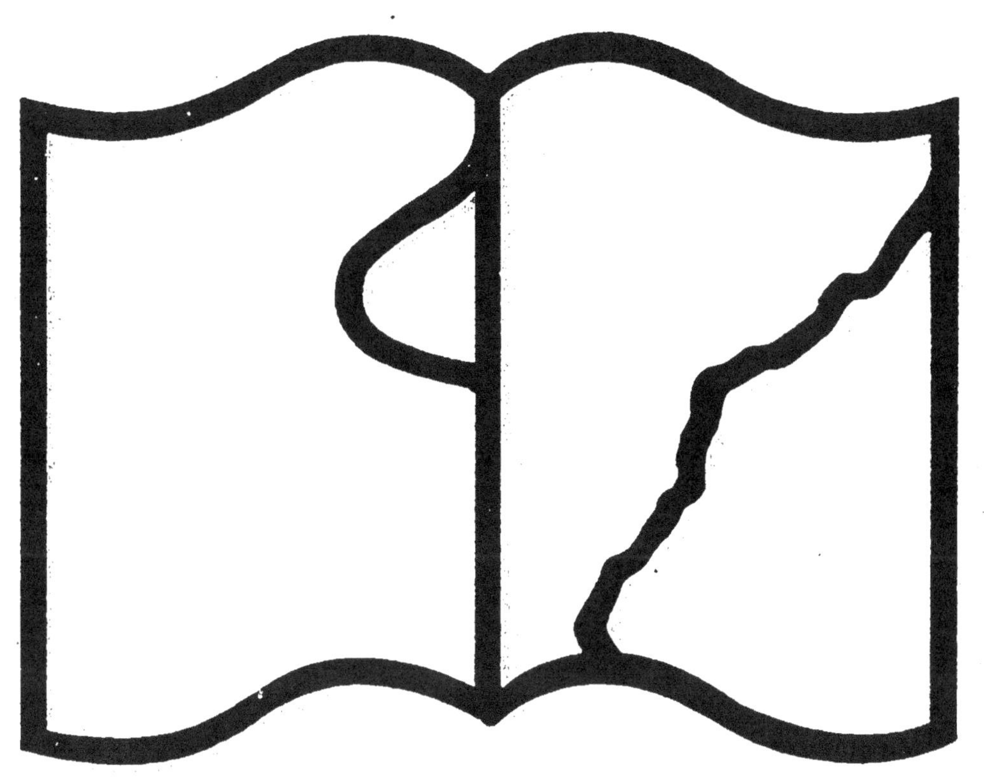

Texte détérioré — reliure défectueuse

NF Z 43-120-11

www.ingramcontent.com/pod-product-compliance
Lightning Source LLC
LaVergne TN
LVHW020307230826
846091LV00006B/2568

9782012938052